꿈에서 본 이야기

살롱드리마 번역에 답하다_01

꿈에서 본 이야기

— 지킬 앤 하이드가 탄생하기까지

로버트 루이스 스티븐슨 · 연지 글

최지연 옮김

Lima

차례

들어가며 007

꿈에 대한 챕터 013

옮긴이의 말_꿈속에서 건져 올린 소설 049

에세이에 에세이로 답하다_꿈의 미로 속을 헤매다 065

일러두기
* 본문 주석은 모두 옮긴이 주다.
* 단행본 제목은 『 』, 매거진 제목은 《 》, 단편 소설 제목은 「 」로 표기했다.

들어가며

「꿈에 대한 챕터A Chapter on Dreams」는 『보물섬』 『지킬 박사와 하이드 씨의 기이한 사례』 등의 작품으로 유명한 스코틀랜드 작가 로버트 루이스 스티븐슨이 쓴 에세이다.[i]

이 글에서 작가는 『지킬 박사와 하이드 씨의 기이한 사례』, 「오랄라」 등의 소설을 집필할 때 작품 속 주요 장면들을 꿈에서 건져 올렸음을 고백한다. 그러면서 독자들에게 밤새 그의 꿈속에서 일해준 창작 요정

---

i 「꿈에 대한 챕터」는 1888년 《스크리브너스 매거진Scribner's Magazine》 지면을 통해 처음 소개됐으며, 이후 스티븐슨의 여행 회고록 『Across the Plains with Other Memories and Essays』(1892)에 수록되어 책으로 출간됐다.

브라우니를 소개한다.

 스티븐슨은 꿈에서 대체 무엇을 보았던 걸까. 그의 숨은 조력자 브라우니의 정체는 과연 무엇이었을까.

『꿈에서 본 이야기』의 첫 챕터엔 위의 질문에 답하는 스티븐슨의 에세이 「꿈에 대한 챕터」 번역본 전문을 수록했다. 두 번째 챕터에는 옮긴이의 말을, 뒤이은 챕터에는 옮긴이의 또 다른 자아인 연지 작가의 글을 추가했다. 그녀 역시 꿈에 대해 몇 가지 보탤 말이 있다고 한다.

 스티븐슨의 에세이와 더불어 무명작가의 사적인 글 또한 누군가에겐 작은 영감을 불러일으키는 씨앗이 될 수 있길 희망해 본다. 꿈에서 마주하는 찰나의 순간들은 물론 깨어 있을 때 우연히 펼쳐 읽게 되는 글까지, 영감은 어디에서나 찾아올 수 있는 것일 테니.

"우리는 낮에만 사는 것이 아니다. 꿈속에서도 산다.
때로는 꿈에서 가장 위대한 업적을 이루기도 한다."
− 칼 구스타프 융

꿈에 대한 챕터

A Chapter on Dreams

로버트 루이스 스티븐슨

Robert Louis Stevenson

상상 속에서 일어난 일이든, 몸소 겪은 일이든 그 모든 것은 과거에 속한다. 또한 3차원의 현실 세계 속 일들도, 어둠과 잠의 세계에 잠식당한 몸이 마침내 편안히 휴식을 취하기 직전까지 밤새 불을 밝혀 온 우리의 머릿속 작은 극장에서 목격한 일들도 모두 과거라고 말할 수 있다. 우리의 경험적 측면에서 미루어 보면 그것들은 서로 구분할 수 없다. 그저 어떤 과거는 정말 생생하고, 어떤 과거는 흐릿하며, 어떤 기억은 즐겁지만 또 어떤 기억은 떠올리는 것조차 고통스러울 뿐이다. 하지만 그중 일부를 우리는 진실 혹은 꿈이라고 말하는데, 사실 그 말이 참인지 증명할 길은 털끝만큼도 없다. 이처럼 과거는 불안정한 기반 위에 놓여 있다. 그 추상적인 세계에서 사소한 논리 하나만 무너져도 우리는 과거를 잃게 된다. 4세대를 헤아릴 수 있을 정도의 전통 있는 가문치고 이제는 무효해진 지위나 성곽, 사유지에 대한 소유권을 주장하지 않는 가문은 드물다. 물론 그런 주장은 법적으로 기소할 수 없는 권리지만, 상상력을 만족시켜주고 무료한 시간을 크게 줄여준다. 그러나 과거에 대한 권리를 주장하려면 아직 타당성이 부족하다. 어쩌면 그와 관련된 어떤 문서가 (마치 이야기책에서나 나올 법한 방식으로) 낡은 책상의 비밀 서랍 속에서 발견되어 당신 가문의 옛 명예를 회복시켜 주고, 한때는 우리 것이었으나 지금은 부당하게도 다른 이에게 넘어가 이제는 (설탕 무역에서도) 그 누구에게도 가치 없는 곳이 된 서인도 제도의 한 작은 섬(어린 시절 내 귓가에 들려오던 사랑스러운 전설에 따르자면 세인트 키츠 섬에서 그리 멀지 않은 곳)에 다시 자리 잡게 해 줄지도 모른다. 나는 이런 혁명이 가능할 거라고 말하려는 게 아니다. 물론 그 가능성을 부정할 수 있는 사람은 없을 것이다. 하지만 과거는 영원히 사라진다. 우리의 지난날들과 이전에 행한 일들, 지난날의 우리 자신들 또한 모두 영원히 사라진다. 그러한 삶의 무대가 펼쳐졌던 세계는 간밤의 꿈처럼 희미한 기억 속 잔해로 떨어져 나가 불연속적인 이미지들과 머릿속 방들에 울려 퍼지는 메아리가 된다. 우리는 단 한 시간도, 단 한 번의 기분도, 단 한 번의 시선도 없던 일로 만들 수 없다. 지나간 모든 것은 사라지고, 다시는 되돌릴 수 없다. 그런데 우리가 그 과거를 빼앗긴다고 상상해 보라. 우리 뒤에 끌고 다니는 그 가느다란 기억의 실마리가 주머니 가장자리에서 끊어져 버렸다고 생각해 보라. 얼마나 철저한 공허 속에 남겨지게 될 텐가! 우리는 오직 공중에 떠 있는 그림같이 덧없는 과거 속 장면들을 통해서 앞으로 나아갈 길을 찾아가고 자신을 알아갈 수 있는데 말이다.

 그런 맥락에서 우리 중엔 이웃보다 더 오래, 더 풍요롭게 살았다고 말하는 사람들이 있다. 그들은 누워서 잠을 잘 때도 여전히 활동적이었다고 주장한다. 그들은 기억이라는 보물을 되짚어 보며 즐거워하곤 하는데, 그중 꿈으로부터 얻은 경험이 단연 으뜸이라고 말한다. 나도 그런 사람을 한 명 알고 있다. 그의 사례는 매우 특이했으므로 여기서 이야기해 줄 만하다. 그는 어렸을 적부터 열렬히 꿈을 꿨으며, 불편한 꿈을 꾸는 사람이었다. 밤에 열이 날 때면 그의 방은 부풀어 올랐다가 쪼그라들었고, 못에 걸려 있던 옷들은 순식간에 거대한 교회의 형상처럼 커졌다가도 무한히 멀어지고 끝도 없이 작아지며 그에게 공포감을 주었다. 그 불쌍한 영혼은 그 뒤로 어떤 일이 펼쳐질지 너무도 잘 알았기에, 슬픔의 시작점이 될 잠의 세계에 빠져들지 않고자 부단히 몸부림쳤다. 하지만 그마저도 다 허사였다. 곧 밤의 마녀가 그의 목을 조르고 소리를 지르며 잠이 든 그를 잡아채곤 했으므로. 그의 꿈은 매우 평범했지만, 종종 이상하기도 했다. 가끔 그는 형체를 알아볼 수 없는 꿈을 꾸며 겁에 질렸다. 한 예로 깨어 있을 땐 조금도 개의치 않아 했을 테지만 꿈속에선 갈색을 띤 형상이라는 것만이 분명한 무언가가 나타나기만 해도 그는 마냥 두렵고 괴로웠다. 때때로 그는 꿈속에서 상황의 모든 세부적인 요소들에 반응하곤 했다. 한 번은 인구가 많은 세상에서 힘겹게 견뎌내야 한다는 상상으로 공포에 사로잡혀선 비명을 내지르며 깬 적도 있었다. 그의 매우 협소한 삶 속의 두 가지 주된 걱정거리—학교 일과와 같은 현실적이고 일상적인 문제 그리고 지옥과 심판이라는 궁극적이고도 막연한 걱정—는 종종 하나의 무시무시한 악몽으로 뒤섞이곤 했다. 꿈속에서 그는 그레이트 화이트 왕좌[ii] 앞에 서 있는 것만 같았다. 가엾게도 그곳에서 그는 자신의 운명을 좌우하는 특정 형태의 말들을 암송하라는 요청을 받았다. 하지만 그는 혀를 움직일 수조차 없었고, 기억은 모조리 사라졌으며, 지옥이 그의 앞에서 입을 떡 벌리고서 그를 바라보고 있었다. 꿈속에서 그런 순간을 마주할

---

ii Great White Throne. 미국 유타 주의 시온 국립 공원에 있는 대형 암석. 성경에선 불신자들이 불구덩이에 던져지기 전 서게 되는 마지막 심판대를 의미한다.

때면 그는 무릎을 턱까지 웅크리고 커튼 봉에 매달린 채 깨어나곤 했다.

 전반적으로 너무 안타까운 경험들이다. 당시 나의 몽상가는 꿈을 꾸는 능력을 기꺼이 포기하려 했을 것이다. 하지만 시간이 지나 그가 성장하는 과정에서 이젠 꿈 때문에 울부짖고 몸부림치는 일은 영원히 사라진 듯했다. 그가 보는 환영은 여전히 대부분 절망적인 장면들이었으나 그 꿈은 더욱 끈기 있게 지속되었다. 이제 그는 심장이 날아오를 듯 뛰고, 머리 가죽이 얼어붙고, 식은땀이 흐르고, 한밤중의 고요한 공포에 사로잡히는 것 외에는 더 심한 증상 없이도 깨어나곤 했다. 그의 꿈은 마음 상태에 걸맞게 더욱 구체성을 띠며 상황에 맞도록 형태를 갖춰나갔고, 보다 생생하게 삶과의 연속성을 띠게 됐다. 세상의 면면이 그의 관심을 끌기 시작했고, 삶의 풍경은 그가 깨어 있을 때는 물론 잠자고 있는 순간에도 그의 눈길을 끌었다. 그는 잠을 자는 동안에도 평온한 여정을 오래도록 즐기며 이상한 마을과 아름다운 장소를 볼 수 있었다. 여기서 더 주목할 만한 것은 조지 왕조 시대의 복장과 당시 영국의 역사 이야기들에 대한 몽상가의 독특한 취향이 그의 꿈에서 주된 특징을 이루기 시작했다는 점이다. 아침 식사를 위해 일어나기 직전까지 그는 꿈속에서 삼각 모자를 쓴 채 왕조의 복위를 주장하는 자코바이트 운동에 깊이 열중했다. 그와 동시에 G.P.R. 제임스[iii]의 방식에 따라 꿈속에서 펼쳐지는 서사를 읽어 내기 시작했다. 꿈속 이야기는 출판된 그 어떤 책보다 믿을 수 없이 생생하고 감동적이었기에 그때 이후로 그는 문학에 불만을 품게 되었을 정도였다.

그가 아직 학생이었던 시절, 그에게 반복되어도 두렵지 않을 꿈속 모험이 찾아왔다. 이제 그는 연속적인 꿈을 꾸며 두 개의 삶을 이끌어 가기 시작했다. 하나는 낮 동안, 다른 하나는 밤중에 일어나는 삶이었다. 낮의 삶은 진실이라고 믿을 수 있었지

---

iii 영국의 소설가이자 역사가(1799-1860)

만 그렇다고 밤의 삶이 거짓이라고 증명할 수도 없었다. 나는 그가 에든버러 대학에서 공부했던, 혹은 공부하고 있었던 사람이라고 말했어야 한다. 그를 알게 된 건 아마도 그 사실 때문이었던 것 같기에.[iv] 어쨌거나 그는 꿈속에서 기나긴 하루를 외과 수술실에서 보냈다. 그곳에서 그는 괴물같이 뒤틀린 형상과 외과 의사들의 혐오스러운 손재주를 보며 극도로 긴장하고 불안해했다. 그러다 비가 많이 오고 안개가 자욱했던 어느 저녁, 그는 사우스브릿지로 나와 하이스트리트에 다다른 뒤 꼭대기 층에 그의 하숙집이 있는 것으로 추정되는 높은 건물의 문을 열고 들어갔다. 그는 밤새도록 젖은 옷을 몸에 걸친 채 끝없이 이어지는 층계를 올랐다. 계단을 오를 때

[iv] 이어지는 이야기는 스티븐슨의 소설 「시체도둑」을 연상시키는 꿈속 장면들이다. 작품 속 주인공 페티스는 해부학 강의 시간에 사용할 시체를 불법적으로 거래하는, 에든버러 대학에서 의학을 전공한 인물로 그려진다. 밤이 깊어지면 시체 운반꾼들은 그가 머무는 곳에 찾아와 신원불명의 죽은 이들을 그에게 실어 날랐다. 그러던 어느 날, 주인공은 자신이 알고 지내던 사람을 해부용 시체로 받게 되면서 악몽에 시달린다.

마다 램프 불빛이 흩날리며 주변을 비추었다. 긴긴 밤 그는 아래층으로 내려가는 사람들―거리의 구걸하는 여인들, 지칠 대로 지친 거구의 진흙투성이 노동자들, 초라한 허수아비 같은 남자들, 창백한 여자들―을 스쳐 지나갔다. 그들은 모두 그처럼 졸려 했고 지쳐 있었으며, 하나같이 혼자서 그의 곁을 지나쳤다. 마침내 북쪽으로 난 창밖으로 해안가 너머 날이 밝아 오자 그는 더 올라가는 것을 포기하고 단숨에 돌아섰다. 그러곤 아직 젖어 있는 옷을 걸친 채 축축하고 초라한 새벽녘의 거리로 돌아가 괴물 같은 일들과 수술들이 기다리는 또 다른 하루를 향해 터덜터덜 걸어갔다. 꿈속에선 시간이 배로 빨리 흘렀고, 그가 느끼기에 일곱 시간이 한 시간처럼 흐르곤 했다. 게다가 그 시간은 훨씬 밀도 있게 흘렀으므로 공상 속에서 경험한 우울감이 그의 하루에 먹구름을 드리웠고, 그는 침대에 누워 다시 꿈을 꾸기 전까지 그 그림자를 떨쳐내지 못했다. 그가 이런 상황을 얼마나 오래 견뎠는지 모르겠으나 이는 오랫동안 그의 기억 속에 검고 어두운 얼룩을 남겼고,

그가 이성을 잃을까 봐 두려워 벌벌 떨며 어떤 의사의 방 문을 두드리게 할 때까지 계속되었다. 그곳에서 그는 겨우 약 한 모금을 마시는 것만으로 다시 평범한 사람으로 돌아갈 수 있었다.

  이후로 그 불쌍한 신사는 꿈과 현실을 오가는 이중적인 삶으로 인해 곤혹스러워하지 않았다. 한동안 그의 밤은 남들과 다를 바 없이 때론 아무 꿈도 등장하지 않는가 하면 때론 파란만장한 꿈이 끼어들기도 했다. 그 꿈은 종종 매혹적이거나 오싹했지만, 가끔씩 생생했을 때를 제외하곤 그다지 특별한 꿈은 아니었다. 나의 몽상가를 진정 흥미롭게 했던 부분으로 넘어가기 전 그런 꿈 가운데 하나만 말해보겠다. 꿈에서 그는 거친 언덕에 자리한 농장 건물의 일 층에 있는 것처럼 보였다. 방에는 바닥에 카펫이 깔려 있었고 벽쪽엔 피아노가 놓여 있었는데 이는 마치 고풍스러운 느낌을 주고자 어설프게 노력을 기울인 듯한 모습이었다. 그런 노력에도 불구하고 그가 산기슭에 사는 사람들 사이에, 수 마일에 걸쳐 야생화들이 늘어선 지역에 있다는 사실만은 분명했다. 그는 창밖으로 오래도록 사용되지 않은 듯한 헐벗은 농가를 내다보았다. 엄청나게 불안한 적막감이 감돌았다. 농장엔 벽쪽에 바싹 붙어 앉아 졸고 있는 듯 보이는 곱슬곱슬한 털을 가진 늙은 갈색 골든리트리버를 제외하곤 사람이나 가축의 흔적은 보이지 않았다. 그런데 이 개의 어떤 면이 나의 몽상가를 불안하게 했다. 그 짐승은 겉보기엔 지극히 정상적이었으므로 이는 무엇이라 명명할 수 없는 감정이기도 했다. 사실 그 개는 너무 늙고 둔하고 지저분하고 쇠약해 보였기에 오히려 동정심이 일어야 마땅했다. 하지만 머지않아 그는 이 개가 더는 정상적인 개가 아닌, 지독히 섬뜩한 무언가라고 확신하게 되었다. 마당에선 졸고 있는 여름 파리들이 윙윙거렸고, 그 개는 발을 즉시 앞으로 뻗쳐 파리를 잡아챈 뒤 원숭이처럼 입에 가져갔다. 그러더니 창가에 있던 몽상가를 갑자기 올려다보며 한쪽 눈을 찡긋했다. 꿈은 계속되었다. 어떻게 전개되었는지는 중요하지 않다. 꿈치고는 꽤 괜찮은 꿈이었다. 하지만 이후로는 그 악마 같던 갈색 개에 버금가는 대단한 내용의 결말은 등장하지 않았다. 내가 흥미를 느꼈던 지점은 바로 이 부분이었다. 그렇게나 특이한 사건을 꿈속에서 발견했음에도 불구하고 나의 불완전한 몽상가는 이야기를 온전히 마무리하지 못한 채 그저 형언할 수 없는 소음과 무차별한 공포 속으로 휘말리고 말았다. 하지만 지금은 다를 것이다. 이제 그는 그가 해야 할 일을 더 잘 알고 있다!

마침내 본론으로 다가가자면 이 정직한 친구가 오래전부터 이야기를 지어내며 잠드는 습관이 있었다는 사실을 언급해야 하는데, 이는 그의 아버지 때에도 마찬가지였다. 하지만 그 이야기는 자기만족을 위해 무책임하게 꾸며냈던 것으로, 둔감한 대중이나 비판적인 평론가들을 고려해 만든 결과물까진 아니었다. 이야기는 중간에 흐름이 끊기기도 했고, 모험은 아주 사소한 공상만으로도 예상치 못하게 중단되며 다른 모험으로 넘어갈 때도 있었다. 그에게는 내부의 극장을 관리하는 작은 인간들이 있었는데, 다들 아직 철저한 훈련을 받지 못한 상태였으며 관객으로 가득 찬 대규모 극장에서 공연하는 훈련된 배우들과 달리 그들은 텅 빈 집에 몰래 미끄러져 들어가는 아이들처럼 연기했다. 하지만 나의 몽상가는 이제 그가 꿈속에서 흥미를 느꼈던 이야기를 소위 작품으로 전환하기 시작했다. 즉, 그는 이야기를 글로 써서 팔기 시작했다. 그와 그의 작업 일부를 도맡아주는 그 내부의 작은 인간들은 새로운 상황에 놓이게 됐다. 이야기들은 이제 틀림없이 잘 정돈되고 세공되어야 했으며, 네 발을 다 갖춘 짐승처럼 온전한 모습이 되어야만 했다. 처음과 끝이 있어야 했고, 삶의 법칙에도 어느 정도 부합해야 했다. 한마디로 즐거움 자체가 그에게 생업이 된 것이다. 이는 그 자신뿐 아니라 그의 꿈속 극장에서 일하는 작은 인간들에게도 마찬가지였다. 그들도 이와 같은 변화를 이해했다. 나의 몽상가는 자려고 드러누울 때면 더 이상 즐거움을 좇으려 하기보다 이제는 출판을 통한 이익을 창출할 수 있는 이야기를 떠올렸다. 그가 객석에서 졸고 있을 때면 그의 작은 인간들은 상업적인 목적에 부합하도록 뒤이어 이야기를 발전시켜 나갔다. 다른 모든 형태의 꿈들은 그에게서 떠나갔지만, 다음의 두 가지는 계속됐다. 그는 여전히 때때로 아주 유쾌한 책들을 읽었고, 매우 즐거운 장소들을 방문했다. 그중 한 곳은 특히 몇 달 혹은 몇 년의 간격을 두고 다시 찾아갔으며, 그곳에서 새로운 길을 발견하거나 새로운 이웃을 방문하고, 정오와 새벽, 해 질 녘마다 다른 느낌을 선사하는 행복한 골짜기를 바라보았다. 하지만 그 밖의 나머지 광경들은 그에게서 모두 사라졌다. 어제의 일들이 뒤섞인 평범한 장면들이나 무시무시한 악몽들, 치즈 토스트가 된 아이의 소문 같은 건 모두 없어진 것이다. 깨어 있든 잠들어 있든 그나 그의 내면에 사는 작은 인간들은 출판 시장에 내놓을 이야기를 만드는 일에 몰두했다. 다른 이들과 마찬가지로 이 몽상가는 돈 문제에 있어 사소한 우여곡절이 있었다. 은행에서 편지가 날아오기 시작하고 푸줏간 주인이 외상값을 독촉하듯 뒷문에서 서성거릴 때면 그는 이야기를 만들어내고자 머리를 굴리면서 애를 썼다. 그로서는 그것만이 당장 돈을 벌 수 있는 길이었으므로. 그리고 자, 보아라! 그의 작은 인간들은 그를 위해 즉시 분발하며 밤새도록 일했고, 그들의 불 켜진 극장에서 몽상가 앞에 이야기 방망이를 가져다주었다. 이제 그는 두려워하며 걱정할 필요가 없었다. 심장이 날뛰고 머리통이 얼어붙었던 건 다 옛일이 되었다. 그는 자신의 영리한 솜씨(모두 그가 해낸 일이라고 믿었다)를 향한 점차 불어나는 찬사와 흥미, 커지는 환희를 목격했고 마침내 "이제 이 정도면 됐어!" 하고 기쁨의 환성을 내지르며 깨어났다. 그가 한밤에 머릿속 극장에서 펼쳐지는 공연을 지켜보며 그런 마음이 일 때면 그는 극 중 클라우디우스[v]와 비슷한 감정으로 공연을 중단시키며 깨어나곤 했다. 그렇게 깨

---

[v] 윌리엄 셰익스피어의 비극 『햄릿』에 등장하는 왕. 자신의 형이자 햄릿의 아버지였던 선왕을 독약으로 죽게 하고 왕위를 찬탈한 인물. 극 중 클라우디우스는 햄릿이 그 앞에서 아버지의 죽음을 재연하는 공연을 선보이자 끝까지 보지 못하고 자리를 뜬다.

어날 때면 종종 실망스럽기도 했다. 그는 너무 깊게 잠들어 있었고, 그의 작은 인간들도 졸음에 겨워하며 그들의 역할을 수행하는 과정에서 말을 더듬거리고 횡설수설했다. 그러다 보니 깨어나서 보면 그 이야기는 말도 안 되는 것처럼 보이곤 했다. 하지만 이 잠들지 않는 브라우니들은 그가 기뻐하며 한가롭게 객석에 앉아 있을 동안 너무도 자주 그를 위해 정직하게 일해주었으며, 그가 만들어낼 수 있는 이야기보다 훨씬 나은 이야기를 얼마나 자주 제공해주었는지 모른다.

다음은 그의 꿈에 찾아온 이야기 그대로이다. 꿈속에서 그는 매우 부유하고 악랄한 남자의 아들인 듯했다. 그의 아버지는 성미가 고약한 대지주였다. (그의 아들이었던) 나의 몽상가는 부모에게 떨어져 있고자 오랜 시간을 해외에서 살았다. 마침내 그가 영국으로 돌아왔을 때 그의 아버지는 재혼하여 젊은 아내를 둔 상태였다. 그 여자는 자신을 옭아맨 멍에를 혐오하며 잔인한 고통을 겪어야 하는 운명이었다. (몽상가의 막연한 추측에 따르자면) 이 결혼 문제를 두고 아버지와 아들은 서로 대면할 필요가 있어 보였다. 다만 그들은 하나같이 자존심이 세고 분노에 차 있었기에, 어느 쪽도 이 만남을 기꺼워하지 않았다. 그럼에도 결국 그들은 해변가의 황량한 모래사장에서 만났다. 그곳에서 그들은 다투었고, 무자비한 욕설을 듣고 화가 난 아들은 그만 아버지를 쓰러뜨려 죽게 했다. 아들은 죽은 아버지를 감쪽같이 땅에 묻었으므로 어떠한 혐의도 받지 않았다. 그는 드넓은 영지를 상속받고 남편의 죽음에 아무런 대비도 되어 있지 않았던 과부가 된 아버지의 아내와 한 지붕 아래 살게 되었다. 가족과 사별한 이들이 으레 그렇듯 두 사람은 외롭게 살아갔고, 식탁에 마주 앉아 기나긴 밤을 함께 나누며 매일 더 가까운 친구가 되어 갔다. 그러나 그녀는 그에게 민감한 문제에 대해 불현듯 캐묻는가 하면 그의 범죄를 의심하여 줄곧 그를 지켜보고, 종종 질문을 던지며 그를 시험해 보기도 했다. 그는 갑작스레 벼랑 끝을 발견한 뒤 물러나듯 그녀로부터 멀어졌다. 그러면서도 그녀의 매력이 너무나 강렬했기에 다시 오랜 친밀감을 느끼며 그녀에게 이끌리곤 했다. 하지만 그녀의 눈에서 설명할 수 없는 의미심장한 눈빛을 읽어내거나 그녀로부터 도발적인 질문을 듣게 될 때면 다시금 놀라며 뒤로 물러났다. 그렇게 그들은 서로 다른 마음을 품은 채 살아갔다. 대화는 곧 단절되었고, 두 사람은 서로를 도전적으로 응시하며 격정을 억눌렀다. 그러던 어느 날, 남자는 여자가 베일을 뒤집어쓰고 집을 빠져나가는 것을 발견하고 기차역으로 향하는 그녀를 뒤쫓았다. 그녀는 해변가로 향하는 열차를 탔는데, 그 목적지였던 모래 언덕 너머는 바로 그가 아버지를 살해했던 장소였다. 여자는 그곳에 도착한 뒤 구부러진 모래 언덕 사이를 더듬기 시작했다. 남자는 그런 그녀를 바짝 엎드린 채 지켜보았다. 곧 그녀가 무언가를 손으로 집어 들었다. 그게 무엇이었는지 나는 기억할 수 없지만 남자에게 이는 치명적인 물건이 틀림없었다. 그녀가 그것을 자세히 보려고 들어 올렸을 때, 그녀는 이 발견이 무엇을 의미하는지 깨닫고 놀라서 그만 발을 헛디디며 높은 모래 언덕의 가장 자리 쪽으로 미끄러졌다. 남자는 그녀를 구하기 위해 벌떡 일어나 뛰쳐나갔다. 두 사람은 서로를 마주 본 채 멈춰 섰고, 남자는 여자의 손에 치명적인 증거물이 눈에 훤히 보이게 들려 있는 것을 발견했다. 사실 그 장소에 남자가 나타났다는 사실은 사건의 또 다른 증거요 실마리였다. 그녀가 무슨 말을 하려는지는 뻔했다. 남자는 도저히 이 상황을 견딜 수 없었다. 그를 파괴할 수 있는 상대와 마주한 채 범행의 증거물에 대해 언급해야 하는 상황만큼은 죽도록 참기 힘들었으므로, 그는 사소한 소재로 대화를 이어가며 그녀가 하려는 말을 얼른 막아섰다. 그들은 어깨동무를 하고 기차를 타러 돌아갔다. 그는 그녀와 같은 기차 칸에 탑승해 자기가 무슨 말을 하는지도 모르는 채 지껄였고, 저녁에는 예전처럼 응접실에 함께 앉아 식사하며 시간을 보냈다. 하지만 몽상가에겐 끊임없이 공포와 긴장감이 엄습해왔다. '그녀는 아직 나를 비난하지 않았다.' 그는 계속 생각했다. '그녀는 대체 언제쯤 나를 추궁할 것인가?

내일?' 하지만 내일도, 모레도, 그다음 날도 아니었다. 그들의 삶은 예전처럼 돌아갔고, 심지어 그녀는 예전보다 더 친절해진 것처럼 보였다. 그의 긴장감과 궁금증은 나날이 더 참을 수 없이 커져 갔고, 결국 그는 병에 걸린 사람처럼 쇠약해져 갔다. 한 번은 그녀가 해외로 나갔을 때 그는 체면을 다 벗어 던지고 그녀의 방을 샅샅이 뒤졌다. 그러다 마침내 그녀의 보석들 사이에 숨겨져 있던 그 망할 증거물을 찾아냈다. 그는 자신의 목숨이 걸려 있는 물건을 들고 멈춰 선 채 그녀의 이해할 수 없는 행동에 경악했다. 그녀는 기어코 그것을 찾아내 여기에 보관해 두면서 이에 대한 어떠한 언급도 하지 않고 있었던 것이다. 바로 그 순간, 문이 열리고 그녀가 보였다. 그들은 또 한 번 증거물을 사이에 둔 채 서로를 마주 보고 섰다. 그녀는 또다시 대화를 시도해 보려는 듯한 표정을 지어 보였으나 이번에도 그는 화제를 피하고자 여자를 막아섰다. 하지만 그는 마구잡이로 헤쳐 놓은 여자의 방을 떠나기 전 자신의 목숨줄을 위협하는 증거물을 원래 있던 곳에 도로 가져다 두었고, 이를 본 그녀의 얼굴이 이내 밝아졌다. 뒤이어 그는 그녀가 하녀에게 방 안의 물건이 어질러진 것에 대해 기막힌 거짓말을 늘어놓는 것을 엿들었다. 그는 더 이상 이 압박스러운 상황을 견딜 수 없었다. 그리고 내 기억으로 (비록 내면의 머릿속 극장에선 시간 순서가 늘 뒤죽박죽되곤 했지만) 그는 바로 다음날 아침, 갑작스레 감정을 분출했다. 창문이 여럿 나 있고 목재 바닥이 깔려 있는, 가구도 거의 없는 커다란 방 한쪽 구석에서 그들이 함께 아침을 먹고 있을 때였다. 그동안 여자는 식사 시간마다 뭔가를 다 알고 있는 듯한 암시를 내보이며 그를 고문해왔다. 하인들이 떠나고 이 두 명의 주인공만 남게 되자 그는 곧바로 자리에서 벌떡 일어났다. 그러자 그녀도 창백한 낯빛으로 자리를 박차고 일어났다. 그녀는 하얗게 질린 얼굴로 그가 고통에 겨워하며 고래고래 소리 지르는 것을 들었다. 그녀는 왜 그렇게 그를 고통스럽게 했는가? 그녀는 모든 걸 알고 있었고, 그는 그녀의 적이 결코 아니라는 것 또한 알았다. 그렇다 해도 왜 그녀는 진작에 그를 비난하지 않았는가? 그녀의 모든 행동은 대체 무엇을 의미하는가? 그녀는 왜 그를 그토록 고문했는가? 왜 그녀는 그를 그토록 괴롭게 했는가? 그가 그렇게 물었을 때, 그녀는 무릎을 꿇고 그에게 손을 뻗으며 말했다. "무슨 의미인지 모르겠어요?" 그녀는 울부짖었다. "당신을 사랑해요!"

이에 몽상가는 경이로움과 돈벌이를 찾아냈다는 기쁨이 뒤섞인 격렬한 감정에 휩싸인 채 즉시 잠에서 깨어났다. 하지만 그가 기대했던 즐거움은 그리 오래 가지 못했다. 이 기발한 이야기엔 시장성이 없는 요소들이 포함돼 있다는 사실이 곧 명백해졌으므로. 이 이야기를 여기서 간략하게 들려주게 된 것도 바로 그 때문이다. 하지만 그의 놀라움은 계속 커져갔으며, 그가 이야기를 조금만 더 충분히 숙고해 만들었더라면 독자들 또한 그처럼 경이로워 했을 거라고 나는 생각한다. 이제 그는 왜 내가 그 작은 인간들을 실질적인 창작자이자 실행자라고 부르는지 이해한다. 그들은 마지막 순간까지 비밀을

지켰다. 나는 여자의 극적인 선언이 갑작스레 발설되기 전까지 전반적으로 잘 직조된 그 이야기에서 몽상가가 그녀의 동기가 무엇이었는지 전혀 짐작조차 못했다는 것을 (그의 솔직함을 높이 평가할 만한 충분한 이유를 대며) 보증할 수 있다. 그 이야기는 몽상가의 것이 아니었다. 그것은 작은 인간들의 것이었다! 그리고 잘 보아라. 비밀이 지켜졌던 것은 물론, 그 이야기는 무척 교묘한 솜씨로 만들어졌다. 두 등장인물의 행동은 (상투적인 표현을 빌리자면) 심리적으로 타당하며, 그들의 감정은 놀랄 만한 절정에 이르기까지 적절한 단계를 거치며 고조된다. 이제 나는 깨어 있고, 이 교환이 무엇인지 안다. 하지만 나는 그들보다 더 잘 해낼 수 없다. 이제 나는 깨어 있고 이 일을 업으로 삼아 살아가고 있지만, (마치 데네리나 사르두[vi]의 노련하고 경험 많은 연극 장인들의 작업과도 같은) 그들의 교묘한 구성을 능가할 수 없다. 그들은 이야기 속에서 같은 상황을

[vi] 기교적 플롯 구성으로 유명한 19세기 프랑스의 유명 극작가 아돌프 데네리(1811-1899)와 빅토리앵 사르두(1831-1908)

두 번 등장시켰다. 두 인물을 두 번 마주하게 만들었는데 한 번은 여자의 손에, 한 번은 남자의 손에 증거물을 들려주었고 이 장면들 또한 가장 덜 극적인 내용이 먼저 등장하도록 이야기의 순서도 잘 배열하였다. 나는 이토록 뛰어난 설정을 비슷하게라도 구현해 내지 못할 것이다. 그런 생각을 하면 할수록 질문하고자 하는 마음이 더욱 절실해졌다. 이 작은 사람들은 대체 누구인가? 그들은 틀림없이 몽상가와 긴밀한 관계였다. 그들은 그와 함께 돈 걱정을 하고 은행 장부도 주의 깊게 살폈다. 그들은 그와 함께 훈련했고 그처럼 이야기를 정교하게 기획해나갔으며, 이야기 속 감정을 점진적으로 발전시켜나갔다. 나 혼자만의 생각이지만 내가 보기엔 오히려 그보다 그들이 더 능력이 있다. 또 한 가지 분명했던 건 그들이 이야기를 마치 연재물처럼 토막토막 말해주면서도 최종적으로 어떤 이야기를 하려는지는 알려주지 않을 수도 있다는 점이었다. 그렇다면 그들은 대체 누군가? 그리고 몽상가는 또 누구인가?

몽상가에 대해서라면 내가 답해줄 수 있는데, 그는 다름 아닌 나 자신이기 때문이다. 내가 처음에 얘기했을지도 모르겠지만 이 말은 꼭 다시 해야겠다. 비평가들이 나의 한결같은 자만심을 두고 구시렁대지만 않았더라면 나는 내 이야기를 좀 더 진전시킬 수 있었을 것이다. 그리고 나의 작은 사람들에 대해 말하자면, 그들은 단지 내 브라우니들[vii]이라고 할 수 있다. 그들에게 축복을! 내가 잠들었을 동안 내 일의 절반을 해주며, 내가 완전히 깨어 있을 때 직접 했다고 믿고 싶은 나머지 일들마저 그들이 해주었을 것이다. 내가 자고 있을 동안 이야기가 진전된 부분은 틀림없이 브라우니가 작업한 결과다. 내가 깨어난 뒤에 행한 일 또한 완전히 내 것이라고는 할 수 없다. 그때마저 브라우니가 관여했다는 사실이 곧 밝혀진다. 그래서 나는 의구심이 가시질 않는다. 나에 대해 말하자면—내가 '나'라고 부르는 나

---

vii 스코틀랜드 민담에 등장하는 요정으로 주인을 위해 몰래 집안일을 도와준다고 알려진다. 자세한 내용은 이 책의 57p 참고.

의 자의식은 데카르트[viii] 이후로 거처를 옮기지 않았다면 지금도 뇌 안의 송과선에 자리할 것이다— 나는 양심을 지닌, 여러 은행 계좌를 가진 사람이며, 모자와 부츠를 소유하고 있으며, 투표권이 있음에도 선거에서 입후보자를 지지하지 않는 그런 사람이다. 때때로 나는 내가 이야기꾼이라기보다 그저 치즈 장수나 치즈 같은 실체, 현실 세계에 깊숙이 관여해 있는 현실주의자라고 말하고 싶다. 그런 의미에서 출판된 나의 모든 소설은 브라우나 그와 비슷한 어떤 것들, 보이지 않는 나의 협력자들이 단독으로 진행한 것이라고 해야 한다. 그럼에도 나는 그들을 뒷방에 가둬둔 채 혼자 모든 찬사를 독차지하고 그들에겐 그저 푸딩이나 나눠주는 것이다. (그들이 이를 얻는 것까지 막을 순 없기에.) 나는 몰리에르[ix]의 하인처럼 그들의 훌륭한 조언자일 뿐이다. 나는 이야기를 지우거나 자르고, 내가 만들어낼

---

viii 철학자 르네 데카르트(1596-1650)는 '나는 생각한다, 고로 존재한다(Cogito ergo sum)'라는 말을 남긴 것으로도 유명하다.

ix 17세기에 활동했던 프랑스의 유명 극작가

수 있는 모든 가장 좋은 단어와 문장들로 이야기의 전반을 치장한다. 나는 펜도 집는다. 그러곤 책상에 앉는데, 이때가 최악의 순간이다. 모든 작업이 끝나면 나는 이야기를 원고로 만들고 등기 우편 요금을 지불한다. 전체적으로 보자면 나는 작업의 상당 부분을 맡지 않았음에도 우리의 공동 사업에서 얻는 이익을 나눠 갖자고 주장할 수 있다.

 나는 어떤 부분이 내가 잠든 사이에 이루어진 작업이고 깨어 있을 때 한 작업인지 예를 들어 말해줄 수 있으며, 이로써 독자들이 나와 내 협력자 중 누구를 향해 고개를 끄덕이며 인정해 줄지 지켜볼 수 있을 것이다. 먼저 고맙게도 많은 독자들이 읽어주었던 나의 책『지킬 박사와 하이드 씨의 기이한 사례』를 예로 들어보겠다. 이 이야기를 쓰기 위해 나는 생각하는 모든 존재들의 마음을 압도하며 때때로 튀어나오는 인간의 강렬한 이중성을 주제 의식으로 담아낼 매개물을 찾고자 오랜 시간 노력해왔다. 그 과정에서『여행하는 동료』라는 제목의 원고를 쓰기도 했는데, 이 작품은 내용이 기발하긴 하나 뭔가 적절치 못하다는 이유로 편집자로부터 거절당했다. 나는 그 원고를 어느 날 불태워버렸다. 그것은 천재의 작품이 아닌 "지킬"이 대신 쓴 원고였기 때문이다. 이후 내가 여태껏 (우아한 겸손을 지키며) 3인칭으로 언급해왔던 '그'에게 재정적 문제가 생겼다. 이틀간 나는 이야기를 쥐어짜고자 부지런히 머리를 굴렸다. 그러다 이틀째 되던 날, 창가에서 꿈을 꾸었다. 꿈속의 장면은 곧 둘로 쪼개지더니 범죄를 저질러온 하이드가 마법의 가루를 흡입하고 그의 추적자가 보는 앞에서 변신을 하는 모습으로 전개됐다. 물론 이야기의 많은 부분에서 나는 브라우니의 흔적을 찾을 수 있다고 생각하지만 모든 나머지 장면들은 내가 깨어난 상태에서 의식을 갖고 만든 이야기다. 그러므로 그 이야기가 의미하는 바는 나로부터 나온 것이고, 이런저런 시도가 헛되이 행해졌으나 어쨌든 그 이야기는 내 상상력의 세계 속에 이미 오랜 시간 존재해온 것이었다. 특히 도덕성에 대한 부분은 대체로 내가 행한 부분이었다. 나는 운이 너무 없었다! 나의 브라우니들은 우리가 소위 양심이라고 부르는 것에 대한 기본을 갖추지 못했던 것이다. 이야기의 배경과 등장인물은 모두 내가 만든 것이었다. 내게 주어진 것은 이야기 속 세 장면의 내용과 지킬의 자발적인 변화가 비자발적인 것이 되어버린다는 설정뿐이었다.[x] 내가 나의 보이지 않는 협력자들에게 칭찬을 듬뿍 쏟은 뒤 이제 와서 그들의 손발을 묶은 채 그들을 비평가들 한복판에 던져버린다면, 너무 관대하지 못한 행동일까? 특히 그 가루약에 대한 설정은 너무도 많은 비난을 받아온 대목인데, 이 부분은 내가 아닌 브라우니들이 작업한 결과라고 말할 수 있어 다행이다. 또 다른 작품에 있어서도 만약 독자들이 그것을 읽을 기회가 있었다면 한 마디 해야 할 것 같다. 그 작품은 비판을 방어하기에 결코 쉽지 않은 소설 「오랄

---

x 원문에서 'the central idea of a voluntary change becoming involuntary'로 표현되는 대목으로, 처음엔 지킬 스스로 선택한 변화였으나 나중엔 그 선택으로 인해 그가 원치 않게 삶을 지배당하게 되는 것을 의미한다.

라」이다. 이 작품에 나오는 집 마당과 어머니, 어머니의 정자, 오랄라, 오랄라의 방, 계단에서의 마주침, 깨진 창문, 무언가를 입으로 깨무는 추한 장면들은 내가 이를 쓰고자 시도했을 무렵 모두 꿈에서 세세하게 목격한 것이다. 나는 여기에 오직 바깥 장면들만 추가했을 뿐이고(꿈에서 나는 그들의 집 마당을 결코 벗어날 수 없었으므로), 펠리페와 성직자라는 두 등장인물, 도덕성이라고 불릴 만한 요소들 그리고 마지막 페이지 내용 정도였다.[xi] 나는 여기에서도 도덕성이 내게 주어진 것이라고 말해야 할

---

xi 스티븐슨의 고딕소설 「오랄라」(1885)에 등장하는 오랄라와 그녀의 어머니, 남동생 펠리페는 한때는 잘 나갔지만 이제는 몰락한 어느 저주받은 스페인 귀족 가문의 후손들이다. 소설 속 화자인 부상당한 영국인 장교 '나'는 그 가문의 고택에 요양차 잠시 머물다가 오랄라를 마주하고 사랑에 빠진다. 오랄라의 가문은 오랜 기간 혈통을 유지하기 위해 근친혼을 이어온 것으로 의심되는 병든 집안이었다. 어머니는 흡혈귀처럼 피를 빨아먹는 광인이었고, 영국인 장교는 그녀에게 손가락을 깨물리는 끔찍한 일을 겪기도 한다. 오랄라가 그런 위험한 가문의 후손임을 알면서도 그는 세 번이나 그녀를 향해 "당신을 사랑합니다!" 하고 외친다. 참고로 이는 「꿈에 대한 챕터」에서 스티븐슨이 소개한 꿈 이야기에도 등장하는 대사(36p)이다.

것이다. 왜냐하면 이는 어머니와 딸을 비교하면서, 처음의 순간으로 되돌아가는 끔찍한 농간으로부터[xii] 불현듯 떠오른 것이기 때문이다. 때때로 꿈에 비유적인 느낌이 드는 것은 여전히 부정할 수 없다. 가끔은 내 브라우니들이 버니언[xiii]을 흉내 내 왔음을 인정하지 않을 수 없으며, 이는 결코 도덕적으로 바라볼 수 없는 부분이다. 사실 그들은 윤리적인 편협함마저 없었다. 삶의 거대한 제약들을 직접적으로 말하는 대신 그저 넌지시 암시하거나 시간과 공간의 복잡한 흐름 속에서 감지해낼 수 있는 그런 종류의 느낌을 전달했을 뿐이다.

대체로 보자면 나의 브라우니들은 꽤나 환상적이

[xii] 서로 다른 듯 미묘하게 닮은 오랄라와 그녀의 어머니는 몰락한 어느 가문의 후손들로서, 말하자면 '처음의 순간'을 공유하고 있는 관계였다. 소설 속 화자는 오랄라가 광인이 된 그녀의 어머니와 달리 자기만의 고귀한 세계를 지닌 여인이라고 생각하지만, 그럼에도 동시에 어머니처럼 불안해 보인다고 느낀다.

[xiii] 『천로역정』의 저자 존 버니언

다. 그들의 이야기는 뜨겁고 강렬하며, 열정과 생생한 묘사가 가득하고, 활력이 넘치는 사건들로 살아 움직인다. 또한 그들은 초자연적인 것들에 대해서도 아무런 편견이 없다. 그런데 어느 날 나는 그들 때문에 깜짝 놀라고 말았는데, 그들이 사랑 이야기 하나를 들려주며 나를 즐겁게 해주었기 때문이다. 그것은 봄날의 유쾌한 희극 같은 내용이었으므로, 나는 그 이야기를 기필코 『우연의 만남』[xiv] 저자에게 넘겨줘야 할 것이다. 그 작가야말로 이런 내용을 제대로 쓸 수 있을 것이며 (비록 시도는 해보겠으나) 나는 그처럼은 못 쓸 거란 걸 확신하기 때문이다. 하지만 내 브라우니 중 하나가 하웰스 씨를 위해 이야기를 만들어낼 거라고 그 누가 상상이나 했겠는가?

[xiv] 여행 중 우연히 만난 남녀의 사랑 이야기를 다룬 윌리엄 딘 하웰스(1837-1920)의 소설. 하웰스는 19세기 미국의 대표적인 리얼리즘 소설가 중 하나다.

옮긴이의 말
꿈속에서 건져 올린 소설

최지연

지킬과 하이드. 이 짝패와 같은 두 이름은 겉과 속이 다른 사람, 천사와 악마를 오가며 이중생활하는 자를 일컫는 대명사가 된 지 오래다. 이는 1886년 로버트 루이스 스티븐슨의 소설 『지킬 박사와 하이드 씨의 기이한 사례』(이하 『지킬 박사와 하이드 씨』로 표기)가 세상에 나온 이후부터의 일이다. 아시다시피 작품 속 주인공 지킬은 '두 얼굴의 사나이'다. 그는 낮에는 사회적으로 존경받는 의학박사이자 법학박사 지킬로, 밤에는 유흥과 살인을 아무렇지도 않게 일삼는 괴물 하이드로 산다. 그러다 종국엔 자기 분열을 견디지 못하고 처참히 파멸하고 만다.

스티븐슨은 『지킬 박사와 하이드 씨』를 구상하

기 위해 "생각하는 모든 존재들의 마음에서 때때로 튀어나오는 인간의 강렬한 이중성을 주제 의식으로 담아낼 매개물을 찾고자 오랜 시간 노력해왔다."(41p) 일찍이 그는 「디콘 브로디Deacon Brodie」[xv]라는 제목의 희곡을 쓰기도 했는데, 이 작품의 주인공이자 실존 인물이기도 했던 디콘 브로디도 지킬과 하이드처럼 철저히 이중생활을 했던 인물이었다. (낮에는 부유한 가문의 집사이자 열쇠 수리공으로, 밤에는 복제한 열쇠로 고객들의 집을 터는 도둑으로 살았던 디콘 브로디는 전과자들까지 고용해 범죄를 이어가다 결국 체포되어 1788년 교수형을 당했다.)

  물론 디콘 브로디 사건도 스티븐슨이 지킬과 하이드라는 인물을 구상하는 데 적잖은 영향을 끼쳤을 것이다. 하지만 『지킬 박사와 하이드 씨』라는 기이

---

xv 스티븐슨은 이 희곡을 1880년 동료 시인 윌리엄 어니스트 헨리와 공동 집필한 뒤 원고를 직접 인쇄해 주변에 나눠주었다. 이후 다른 두 희곡 작품과 엮어 『Three Plays』(1892)라는 책으로 정식 출간했다.

한 이야기를 구체화하기까지 스티븐슨이 보다 눈여겨보았던 무대는 그의 외부가 아닌 내부에 있었다. 그곳은 바로, 그가 밤마다 방문했던 자신의 꿈속 세계였다.

*

『지킬 박사와 하이드 씨』를 집필할 당시 스티븐슨은 재정적으로 큰 압박에 시달리고 있었다. 이미 작가로 활동하던 때였으나 이렇다 할 대표작은 아직 없던 시기였다. 스티븐슨에겐 히트작이 절실했다. 그는 소위 말하는 '팔리는 이야기'를 써내고자 밤낮으로 골몰하기 시작했다.

그러던 어느 날, (어린 시절부터 그래왔듯이) 그는 꿈에서 몇 가지 인상적인 장면들을 목격한다. 그것들은 때론 기이하고, 때론 공포스러웠다. 하지만 분명 들여다볼 만한 가치가 있어 보였다.

하루는 스티븐슨의 아내가 잠들어 있던 그를 흔들어 깨우자 그는 이렇게 외쳤다고 한다. "대체 왜 지금 깨운 거야, 꿈에 정말 끝내주는 이야기가 펼쳐지고 있었건만!" 비슷한 시기, 그의 의붓아들 로이드는 다음과 같은 기록을 남기기도 했다. "어느 날 아빠가 무언가에 완전히 사로잡힌 상태로 점심을 먹으러 내려와선 허겁지겁 식사를 마치고 자리를 뜨며 말했어요. 내게 엄청난 성공을 가져다줄 새로운 이야기가 꿈에서 찾아왔어. 그러니 설령 집에 불이 나더라도 날 방해해선 안 돼……."

그로부터 얼마 후, 스티븐슨은 원고 한 편을 완성한다. 하지만 남편의 초고를 본 아내는 크게 실망한 나머지 솔직하게 조언한다. "아직 내용이 체계적이지 않고 깊이가 부족한 것 같아요."

결국 스티븐슨은 원고를 처음부터 다시 쓰기 시작한다. 무언가에 홀린 사람처럼, 몇 날 며칠을 쉼 없이 써 내려간다. 그렇게 불과 사흘 만에 3만 단어 분량의 중편 소설이 새로 완성된다. 스티븐슨이 마침내 작가로서 재정적인 독립을 할 수 있도록 부와 명예를 안겨준, 세기를 뛰어넘어 사랑받고 있는 작품

『지킬 박사와 하이드 씨』가 탄생한 순간이었다.[xvi]

꿈과 현실을 오가다

『지킬 박사와 하이드 씨』의 주인공이 선과 악의 세계를 오갔던 것처럼 스티븐슨도 오랜 시간 이중생활을 감행했다. 그가 부지런히 오갔던 세계는 조금 특별했다. 그곳은 다름 아닌 '깨어 있을 때의 삶'과 '잠들어 있을 때의 삶'이었다.

스티븐슨에게 꿈속 자아는 현실 속 자아만큼이나 중요했다. 두 자아는 지킬과 하이드가 서로 완벽히 구분될 수 없었듯 그에겐 결코 분리될 수 없는 주체였다.

---

xvi 당시 스티븐슨은 대중소설, 모험소설 작가로 과소평가된 측면도 없지 않다. 하지만 후대에 이르며 그의 작품 세계는 꾸준히 재조명되었다. 조지프 콘래드, 아서 코난 도일, 조이스 캐롤 오츠 등 수많은 작가들이 그의 문학성을 극찬했으며, 블라디미르 나보코프는 『지킬 박사와 하이드 씨』를 두고 "단순한 도덕적 우화를 초월하는 독창적 예술 작품"이라고 평하기도 했다.

스티븐슨은 꿈에서 목격한 장면들에 나름의 의미를 부여해 나갔다. 그리고 이를 창작에 적극적으로 활용했다. 그로선 너무도 자연스러운 시도였다. 스티븐슨은 "누워 잠을 잘 때도 여전히 활동적"(18p)이었던 사람이었으므로.

「꿈에 대한 챕터」에서 그는 자신의 머릿속 극장에선 밤새 영사기가 돌아갔다고 말한다. 이 비유는 과학적으로도 꽤 정확해 보인다. 실제로 잠을 잘 동안 우리 몸은 이완된 채 쉬고 있지만 뇌는 (마치 밤새 영사기가 켜져 있는 극장처럼) 깨어 있을 때와 동일한 수준으로 쉼 없이 활동하기 때문이다.

특히 눈을 좌우로 빠르게 움직이며 꿈을 꾸는 수면 단계인 렘수면(REM) 단계에 접어들면 뇌의 깊은 곳에 자리한 뇌간에서 대뇌 피질을 자극하는 뇌파를 무작위적으로 내보낸다. 이 뇌파는 기억이 보존되어 있던 부위를 활성화시키기도 하는데, 꿈을 연구하는 학자들은 이때 과거의 기억이 시각 영역을 자극하여 꿈속에 등장할 수 있다고 주장한다. 말하자면 극장의 대형 스크린에 영화가 상영되듯 꿈의 무대에 기억 속 장면들이 재생되는 것이다.

한편 꿈에 대한 스티븐슨의 비유는 브라우니의 등장으로 더욱 빛을 발한다. 작가의 머릿속 극장에서 밤새 일하며 이야깃거리를 던져주었던 그 갈색 요정 말이다.

창작의 숨은 조력자, 브라우니

브라우니(Brownie)는 스티븐슨의 모국 스코틀랜드의 민담에 등장하는 집 요정이다. 주인이 잠들어 있는 밤 몰래 나와 자질구레한 집안일과 농사일을 해준다. 피부가 갈색이어서 브라우니라는 이름이 붙었다고 한다. 브라우니는 갈색 곱슬머리가 덥수룩하며, 둥글둥글하고 땅딸막한 체형에 주름진 피부를 가졌다. 간혹 갈색 망토나 두건, 누더기 등을 걸치기도 한다.[xvii]

[xvii] 브라우니는 외형이나 역할 등 여러 면에서 해리포터에 나오는 집 요정 '도비'를 떠오르게 한다. 실제로 도비가 브라우니를

스티븐슨은 자신이 잠들어 있을 동안 브라우니가 열심히 일해주었다고 고백한다. 그는 자신의 소설에 쏟아지는 찬사를 즐기면서도 창작에 큰 도움을 준 브라우니를 위해 푸딩을 나눠주는 것을 잊지 않는다(40p).[xviii]

 장난기 많은 브라우니는 자신이 함부로 대해졌다고 여길 때면 악마처럼 변하며, 때론 특정 동물로 변신한단다. 가만 보니 「꿈에 대한 챕터」에서 스티븐슨이 꿈속에서 보았다는 '갈색을 띤 형상'(19p), '곱슬곱슬한 털을 가진 늙은 갈색 골든리트리버'(25p)는 여러모로 브라우니를 떠올리게 하는 이미지다. 평소 그가 브라우니를 의식하며 지냈기 때문에 꿈속에서 그런 장면들을 보게 됐던 건 아닐까.

모티브로 탄생한 캐릭터라는 설도 있다.
xviii 참고로 스코틀랜드 사람들은 집 요정 브라우니에게 고마움을 표시하고자 난로 옆에 우유나 죽, 꿀, 크림, 조각 케이크 등 조그만 음식을 제물로 남겨둔다고 한다.

무의식이 펼쳐지는 꿈의 무대

 스코틀랜드 민담 속 브라우니는 예측 불가능한 존재다. 이 익살맞은 집 요정은 때때로 한밤에 소음을 내거나 재미 삼아 집안을 엉망진창 만들어 놓는다. 스티븐슨의 머릿속 극장에서 밤새 일했다는 브라우니도 그런 성향이 다분해 보인다. 이 작가의 창작 요정은 객석에 앉은 주인에게 "이야기 방망이"(29p)를 가져다주는 고마운 존재이긴 하나, 기본적으로 일단 거침없고 제멋대로다. 특히 스티븐슨이 중요시 여겼던 도덕성 따윈 안중에도 없었다!
 물론 그 덕에 브라우니의 꿈속 작업은 깨어 있을 땐 상상조차 힘든 매력적인 장면들로 가득 차 있었을 것이다. 하지만 이를 여과 없이 그대로 내보내는 건 작가로서 무책임한 일이었다.
 결국 스티븐슨은 브라우니의 작업에 적극 개입한다. 그는 자신의 꿈속에서 목격한 일들을 글로 써 내려간 뒤 이를 재가공해 이야기의 형태로 다듬었다. 글의 많은 부분을 잘라내거나 추가했고, 때론 유려한

캐나다 일러스트레이터 팔머 콕스(Palmer Cox)의 삽화 시리즈 『The Brownies』에 등장하는 브라우니. 그림 아래 적힌 문구("보상은 종종 가장 열심히 일한 자에게 더디게 온다")가 흥미롭다.

문장으로 치장해가며 세세히 고쳐 썼다. 그렇게 최종적인 터치를 가한 끝에야 이야기는 비로소 독자들에게 떳떳할 수 있는 작품이 되었다.

*

 사실 브라우니의 활동은 스티븐슨이 그의 작업 과정을 구체화하기 위해 가져다 쓴 은유적 표현일 뿐이다. 브라우니가 제멋대로 활개 쳤던 스티븐슨의 꿈속 극장은 말하자면 작가의 무의식이 활동하는 무대였다고 볼 수 있다. 스티븐슨이 '브라우니의 이야기를 검열했다'는 말은 작가가 집필 과정에서 '자신의 무의식을 의식으로 통제했다'는 의미와도 같다.[xix]

 이 과정을 생략한 채 살았던 인물이 바로 『지킬 박

[xix] 참고로 스티븐슨이 「꿈에 대한 챕터」를 썼던 시기는 심리학자 지그문트 프로이트가 『꿈의 해석』(1899)을 발표하기 10년도 전이었다. 스티븐슨은 꿈에 무의식이 반영될 수 있다는 사실을 프로이트 이전에 이미 자신만의 문학적 언어로 구체화한 것이다.

사와 하이드 씨』의 주인공이었다. 지킬 박사는 자신의 무의식 속에 뱀처럼 꿈틀거리고 있는 시커먼 욕망을 컨트롤하지 못하다 끝내 몰락했다. 남들의 평판에 극도로 예민했던 그는 일탈하고 싶은 욕구를 느낄 때면 (그것이 사소한 욕심이든 악랄한 범죄이든 상관없이) 수치심을 참지 못했고, 자신의 어두운 부분을 애써 숨기려고 했다. 지킬은 결국 하이드라는 제2의 자아를 탄생시켜 '고매한 지킬 박사'와 철저히 분리해 내길 시도했지만 이는 애초부터 불가능한 일이었다. 지킬 박사는 괴물이 된 자신을 받아들이지 못하고 끝내 스스로 목숨을 끊는다.

지킬이 자신의 어두운 면을 있는 그대로 인정하고 이를 이성적으로 컨트롤할 수 있었다면 어땠을까. 괴롭고 고되긴 했겠으나 그 끝이 자살은 아니었을 것 같다.

다행히 스티븐슨은 지킬 박사와 달랐다. 그는 무의식과 의식이 운명 공동체임을 잘 알고 있었다. 그에겐 무의식을 컨트롤할 수 있는 이성이 있었다. 덕분에 그는 무의식의 세계에서 활보하는 브라우니와 긴밀한 협력 관계를 맺으며 꿈과 현실을 조화롭게 오갈 수 있었다. 그가 생전에 발표한 무수한 작품들이 바로 그러한 결과물이었고 말이다.

에세이에 에세이로 답하다
꿈의 미로 속을 헤매다

연지

한동안 심리 상담을 꾸준히 받은 적 있다. 감정이 내 의지대로 컨트롤되지 못하던 때였다. 당시 나의 상담 선생님은 내게 꿈 이야기를 적극적으로 해줄 것을 권유하셨다. (그분은 프로이트와 융의 무의식 이론을 깊이 공부하셨다고 했다.)

입이 잘 떨어지지 않았다. 내가 꾼 꿈을 남에게 자세히 말해주는 게 왠지 내키지 않았다. 그럼에도, 한편으로는 궁금하기도 했다. 선생님은 내 꿈 이야기를 듣고 과연 어떤 해석을 해주실까, 하고. 결국 몇 가지 꿈 이야기를 살짝 들려주기로 마음먹었다. 특히 꿈에서 반복적으로 나타나는 이미지나 장면들에 대해서.

"힘이 들거나 일이 잘 풀리지 않을 때면 꿈속에서도 종종 길을 잃곤 해요. 몸에 꽉 끼는 검은 점퍼 같은 외투를 껴입고, 무겁고 커다란 배낭을 멘 채 미로 같은 산 길을 오른 적도 있어요. 오늘도 비슷한 꿈을 꾸었어요. 무거운 짐을 짊어지고, 출구를 알 수 없는 낯선 공간을 갈지자걸음으로 헤맸어요."

선생님은 내 말이 끝나자 차분한 목소리 답하셨다.

"지연 님이 꿈속에서 짊어진 짐, 그 안에는 무엇이 들었을까요. 그걸 열어젖혀 그 안에 무엇이 들어 있는지 들여다봐야 해요."

"네, 그러게요. 그 안에 뭐가 들었을까요."

나는 꿈속에서 내가 짊어진 그 짐이 나를 억누르는 부담을 은유하는 것이라고 생각했다. 내가 나에게 부여하는 과도한 기대와 그로 인한 스트레스, 어리석은 완벽주의, 그런 것들이 짐으로 나타난 게 아닐까 싶었다. 그것을 벗어던지는 게 나의 과제라고 생각했다.

이런 생각에 빠져 있을 때, 선생님은 다시 차분한 목소리로 말하셨다.

"물론 그걸 마주하는 게 쉽지 않겠지만, 막상 확인하고 나면 별것 아닌, 아니 너무 소중하고 귀한 것일지도 몰라요."

그 말이 무슨 뜻인지 그땐 몰랐다. '내가 짊어진 짐이 소중한 것일지도 모른다고? 무겁고 버거워 옷이며 배낭이며 다 벗어던지고 싶은데?' 하지만 시간이 지날수록 나는 진심으로 궁금했다. 내가 꿈속에서 짊어지고 있던 짐 가방 속엔 무엇이 그토록 묵직하게 들어 있었을까. 그걸 열어젖혀 확인하는 순간, 나는 어떤 변화를 맞이하게 될까. 그것을 마주할 수 있는 용기를 얻고 싶었다.

그러다 지난해(2024년) 중반부터 나만의 일을 도모하면서, 그러니까 1인 출판사(리마)를 차리고 나의 글을 세상에 내놓으면서 이전엔 느끼지 못했던 새로운 책임감이 생겨나기 시작했다. 신기하게도 그 감정은 결코 버겁지만은 않았다. 그것은 내가 알아서 자발적으로, 기쁘게 짊어지려 하는 짐이었다.

지난해 3월, 리마를 준비하던 나날

나는 리마를 운영하면서 좌충우돌하게 되는 모든 과정을 사랑하고 있었다. 그리고 돌이켜 보니, 이전의 삶 속에서도 그런 순간들은 분명 존재했다. 특히 틈틈이 노트북과 책들을 무겁게 이고 카페로 달려가 어떻게든 읽기와 쓰기를 이어가려 했던 나만의 시간들은 지금의 '연지'를 있게 한 고마운 순간들이었다.

그렇게 찬찬히 지난 시간을 돌아본 뒤, 마침내 깨달았다. 나는 내게 지워진 책임, 스스로에게 부여한 과제 따위를 실은 너무도 소중히 여기고 있다는 것을. 이를 잘 지켜나가고 싶어 한다는 것을. 그런 깨달음을 얻고 나자 감사하게도, 더 이상 갑갑한 옷을 잔뜩 껴입은 채 무거운 짐을 지고 길을 헤매는 꿈 따윈 꾸지 않게 되었다.

*

상담 시간 털어놓았던 꿈 이야기는 하나 더 있다.

"꿈에서 발이 없어지고 있었어요. 하얀 각질들이

제 옆에 쌓이고 있었고요. 너무 무서웠어요. 도와달라고 소리쳐도 목소리는 더 작아질 뿐이었고, 저는 움직일 수 없었어요. (여기서부터는 좀 더러운 이야기인데) 갑자기 제가 그 각질 더미를 한 움큼씩 입으로 가져가 먹기 시작했어요…… 그러다 잠에서 깨어났어요."

뒤이어 나는 이 꿈에서 목격한 보다 구체적인 장면들을 털어놓았다. 선생님은 나의 정황에 비추어 이런저런 가능한 해석들을 들려주다가 마지막엔 다음과 같은 말을 덧붙였다.

"살 껍질을 허겁지겁 먹었던 것, 그게 바로 지연 님의 힘이에요. 지연 님은 생에 대한 의지가 정말 강한 사람이었던 거예요."

(선생님의 해석에 따르면) 꿈속에서 내가 보였던 그 기이한 행동은 말하자면 어떻게든 살아남겠다는 일종의 발악이기도 했다. 그러니까 아무도 손 내밀어 주지 않을 때도, 가장 믿었던 누군가가 매정하게 돌아선다 하더라도…… 가만, 내가 그토록 생에 대한 집착이 강한 사람이었단 말인가! 어쨌거나 선

생님은 내가 그만큼 이 삶을 저버리지 않으려고 노력하는 사람이며, 그 점을 스스로 칭찬해 줘야 한다고 말하셨다.

그 말을 듣자마자 눈물이 주룩주룩 흘러내렸다. 나는 다시, 잘할 수 있을 것 같았다. 잘 살아내고 싶었다.

꿈의 경고

심리 상담은 3개월 만에 내 멋대로 관두었다. 나는 반년 동안 꾸준히 복용했던, 불안을 잠재워 준다는 약 봉투들을 모조리 쓰레기통에 처넣고 더 이상 병원에 가지 않았다. 그 대신 집 근처에 있는 그룹 PT 스튜디오에 등록했다. 그곳에서 매주 운동을 시작했고, 몇 개월 뒤엔 함께 운동하는 분들과 (비록 10km의 짧은 코스이긴 했지만) 마라톤 경기에도 나갔다.

그렇게 1년이 훌쩍 지나갔다. 나는 전보다 분명 상

태가 나아진 듯했다. 특히 몸이 건강해지니 마음도 덩달아 단단해진 것 같았다. 모든 게 정상으로 돌아왔다고 생각했다.

하지만 방심은 금물이었다. 나는 여전히, 스스로의 건강을 완전히 장악하지 못한 상태였다.

특히 지난해 여름엔 몸 상태가 매우 좋지 않았다. 갑작스레 체력이 급격히 저하됐고, 면역력이 떨어졌는지 눈두덩엔 다래끼가 심하게 생겨 여러 번 째고 약을 먹어도 좀처럼 낫질 않았다. 결국 8월 말내 생일에 맞춰 예약해두었던 제주도행 비행기 티켓과 렌트카도 직전 날에 모두 취소해야 했다.

몸이 허약해지니 마음도 스멀스멀 다시 약해져 갔다. 갑자기 덜컥 두려웠다. 몸 관리를 잘 못한다면 나는 평생 허약 체질로 지내게 될지도 몰랐다.

그러다 그즈음 어느 날, 무서운 꿈을 꾸었다.

저녁 운동을 나가기 직전, 조금 피곤해 운동복 차림으로 침대에 잠시 누웠다가 그대로 잠이 들었던 날이었다. 꿈속에서 나는 알 수 없는 건물의 비좁은 나선형 계단을 힘겹게 오르고 있었다. 온몸이 물에 젖은 솜뭉치처럼 무겁고 축축 처졌다. 한 발 한 발 내딛는 게 고역이었지만, 왠지 모르게 멈출 수가 없었다. 그렇게 어디를 향하는지도 알 수 없는 끝없는 계단길을 따라 오르다 한순간에 몸에서 모든 힘이 빠져나갔다. 그와 동시에 그대로 쓰러졌다.

 아무리 일어나려 해도 몸에 힘이 생기지 않았다. 나는 간신히 입을 열고 외쳤다. *살려주세요……* 아무에게도 가닿을 수 없는 모기 같은 외침이었다. 어마어마한 두려움과 공포가 밀려왔다. 이대로 가다간 죽을 수도 있겠구나 싶었다. 그러다 순간 잠에서 깨어났다. 정신을 차리고 보니 나는 식은땀을 흘리며 침대 위에서 온몸을 떨고 있었다.

 그날 이후부터 미친 듯이 몸 관리를 시작했다. 식단을 모조리 바꾸고, 운동도 주 2회에서 3회로 늘렸으며, 밤을 새우면서 일하거나 지나친 스트레스를 받지 않으려고 노력했다. 식재료의 성분을 하나하나 따져가며 심사숙고해 장을 보았고, 매끼 건강식으로 손수 요리해 먹었다. 몸 관리에 이토록 신경 썼던 건 서른여섯 평생 살면서 처음이었다.

다행히 그렇게 몇 개월을 노력한 끝에 나는 이전보다 훨씬 좋은 체력으로 회복할 수 있었다.
　또다시, 새로 태어난 느낌이었다.

　생각해 보면 내가 그토록 유난스럽게 건강을 챙길 수 있었던 건 다 꿈 덕분이었다. 꿈속에서 내가 느꼈던 그 공포감은 정말이지 말로 표현할 수 없다. 내가 내 몸을 맘대로 컨트롤하지 못하는 상태에 처했을 때, 그래서 죽을 수도 있겠다는 생각이 스쳤을 때, 그때 스쳤던 감정은 비록 현실이 아닌 꿈속이었지만 너무도 생생했다. 그 감정을 떠올리며 나는 '현실 속 나'를 돌볼 수 있었다. 지금의 내 건강은 그때 꾼 꿈에 빚진 것이 틀림없다.

꿈에 맞닿은 현실

　이처럼 꿈은 현실 속 삶에 크고 작은 영향을 미치곤 한다. 가끔은 꿈과 현실이 명확히 구분되지 않은 채 이어지는 순간들을 마주하기도 한다. 꿈속에서 울렸던 화재 경보 사이렌 소리가 깨어나 보니 침대 맡에 있던 핸드폰 알람으로 연결되어 울리고 있었다든지, 꿈속에서 흐느끼며 울고 있었는데 눈을 뜨니 실제로도 눈물을 흘리고 있었다든지, 늦게까지 일하고 왔는데 꿈에서도 똑같은 모습으로 일하고 있었다든지…….

혹은 현실에서 골몰하고 있던 일의 실마리를 꿈에서 발견할 때도 있다. 실제로 역사적으로 꿈의 덕을 본 사례들이 적지 않다. 당장엔 이 책의 주인공 로버트 루이스 스티븐슨을 들 수 있겠다. 자나 깨나 소설 창작에 깊이 몰두했던 스티븐슨은 꿈에서 『지킬 박사와 하이드 씨』의 주요 장면들을 목격했다. 화학자 드미트리 멘델레예프는 꿈속에서 주기율표를 목격했고, 유기화학자 아우구스트 케쿨레도 꿈에서 벤젠 고리의 구조를 파악할 수 있는 힌트를 얻었다고 전해진다. 심리학자 칼 구스타프 융 또한 생전에 자신의 가장 위대한 아이디어들은 모두 꿈속에서 구상된 것이라고 주장했다.

예전에 한 교수님으로부터도 비슷한 일화를 들은 적 있다. 내가 가끔씩 흥미롭게 떠올리곤 하는, 근현대문학을 전공하신 P 교수님 이야기다. 일본 유학 시절 교수님은 논문 때문에 너무 스트레스를 받아 잠을 설치곤 했는데, 잠깐씩 잠이 들 때면 꿈에서도 논문을 쓰고 있었단다. 신기하게도 깨어 있을 때 좀처럼 진도를 못 뺐던 파트들이 꿈에서는 기발한 아이디어와 함께 술술 풀려나갔고, 쪽잠에서 깨어날 때면 침대 맡에 두었던 노트와 펜을 얼른 집어 들고 꿈에서 본 내용들을 정신없이 메모했단다. 덕분에 박사 논문을 잘 마무리할 수 있었다고 했다.

 그러고 보면 꿈과 현실은 정말 어떤 식으로든 연결되어 있는 것 아닐까. 현실에서 절실하게 이어가려는 삶은, 꿈에서도 계속된다. 적어도 나는 그렇게 믿는다. 꿈속의 세계는 우리 삶의 또 다른 활동 무대이다. 그곳에서마저 우리는 아주 많은 것을 이룰 수 있다.

그 꿈들은 대체 어디서 온 것일까

 하지만 어떤 꿈들은 대체 어디에서 연유했는지 모를 정도로 생뚱맞다. 난생 처음 본 장면들이 꿈속에서 펼쳐질 때면 말이다. (나의 경우) 이를테면 처음 보는 거구의 흑인 여성분과 활주로 위에서 놓친 비행기를 바라보며 한탄하는 꿈이랄지, 인디언들이 숲속에서 모닥불을 피워두고 원을 그리며 알 수 없는 의식을 치르는 장면을 멀리서 지켜보는 꿈이랄지, 하늘에 커다란 보름달이 두 개나 뜬 걸 보고 정신없이 사진을 찍어대는 꿈이랄지…… 시공간과 기억이 마구잡이로 뒤섞이고, 앞뒤 논리에 맞지 않는 상황이 연속되는 것도 꿈에선 예삿일이다. 내가 다녔던 중학교 교실에서 고등학교 시절 교복을 입고 있는 친구들과 놀고 있다든지, 평소 별로 좋아하지도 않았던 연예인이 내가 잃어버린 귀걸이를 자기 귀에 걸고 나타난다든지, 커다란 갈색 멧돼지가 2호선 지하철 스크린 도어를 깨부수며 뛰어다닌다든지……. 어떤 꿈속 장면들은 막 보이려던 찰나에

번뜩이는 빛과 함께 사라지기도 하고, 바로 앞 사람들의 대화 소리가 물속에서 웅얼거리듯 멀리서 들려오기도 한다. 그야말로 '어떻게 이런 것들이 가능할까'의 연속이다.

  이런 꿈들은 대체 어떻게 꾸게 된 걸까. 어떤 장면들은 내 기억 속 경험이나 감정들, 특히 내가 잊고 있었던 과거의 경험들이 랜덤하게 조합된 결과라고 여기며 넘길 수 있지만, 또 어떤 것들은 내가 생전에 경험하지 않았던 내용이어서 당황스럽기도 하다. (물론 다 해석하기 나름이겠으나 내가 보기엔 분명 무의식이 변형되거나 왜곡된 결과물이라고 보기만은 힘든 장면들이다.) 이런 꿈들은 영화나 소설, 공연, 누군가로부터 들은 이야기 등 언젠가 내가 읽고 쓰고 보고 느끼고 접한 모든 것들이 무작위적으로 조합되고 변형된 결과물일까. 아니면, 나의 기억과는 별개로 작동하는 어떤 미지의 영역이 뇌 속에 존재하는 것일까.

우리는 모두 꿈을 꾼다

 내가 가끔 꿈 이야기를 털어놓으며 꿈 타령을 할 때면 어떤 분들은 종종 고개를 절레절레 흔들며 말한다. 넌 참 웃기다고, 자긴 꿈이라는 걸 도무지 꾸질 않는다고…… 그럴 때면 나는 이렇게 대꾸하곤 한다. "아니야, 꿈은 모두가 꿔. 다만 어떤 사람들은 꿈을 기억하지 못할 뿐이야."
 수면의학 전문가들에 따르면 우리는 거의 매일 밤 꿈을 꾸지만 대부분의 꿈은 깨어난 이후 망각된다고 한다. (그러고 보니 꿈을 잘 기억하는 편인 나 역시도 잠을 잘 동안 여러 종류의 꿈을 연달아 4-5개씩 꿀 때면 그중 절반 이상은 까먹는다.) 내가 꿈을 특히 잘 기억하게 된 건 꿈을 꾼 직후 곧바로 깨어나 메모를 남겨두거나 꿈에서 본 장면들을 계속 붙들고 이런저런 생각들을 덧붙이길 좋아해서인 것 같기도 하다. 그 과정에서 꿈이 장기 기억으로 굳어졌을지도 모를 일이다.
 어쨌거나 나는 이상한 꿈을 꿀 때면 부지런히 기

록해두고, 꿈에서 목격한 장면들을 자주 떠올리곤 한다. 이 글에서 미처 언급하지 못한 몇몇 꿈들은 단순한 경고 수준을 넘어 실제로 내 인생 자체를 바꿔놓기도 했다. 고맙게도, 그 꿈들은 나를 더 나아지는 방향으로 이끌어 주었다. 누군가를 진심으로 이해할 수 있는 계기가 되어 주기도 했다.

꿈의 세계에 지나치게 의미 부여를 하려는 건 결코 아니다. 나는 꿈속 세계보다 현실 속 매 순간을 더욱 생생히 느끼며 살고 싶은 사람이기에. 그럼에도 여전히 내가 꿈을 특별히 여기는 이유는, 꿈은 결코 거짓말하지 않기 때문이다. 내 안의 욕망과 두려움, 불안…… 그런 감정들이 꿈속에선 숨김없이 드러나니까. 현실에선 종종 솔직하지 못할 때가 많은 나이기에, 꿈에서 나타나는 장면들이 내겐 중요한 메시지처럼 다가오곤 한다. 그 안에서 내가 애써 부정하고 있던 진실된 감정들을 마주하게 된다.

오늘 밤엔 또 어떤 꿈을 꾸게 될까. 감히 미리 예측할 수조차 없다만, 그래도 이왕이면 기분 좋은 꿈을 꿨으면 좋겠다.

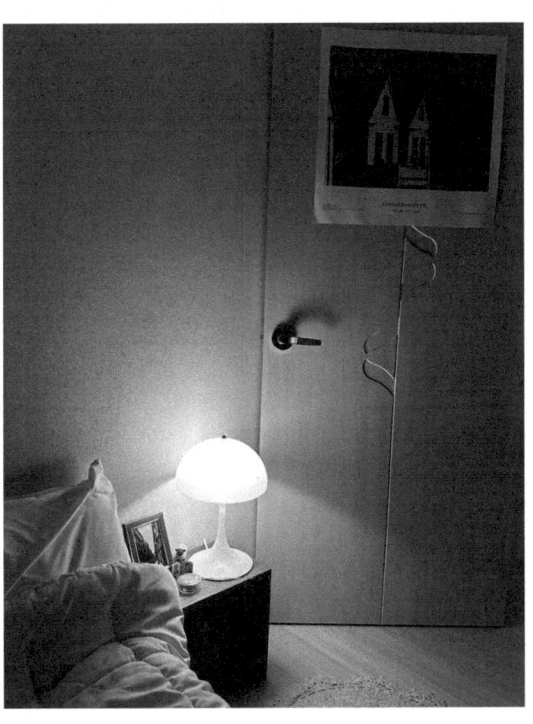

이미지 출처
60p ⓒ Palmer Cox (CC-BY)
70p, 83p ⓒ 연지

표지 이미지
ⓒ istock (Image credit: Svetlana_Smirnova)

옮긴이 최지연
연지라는 필명으로 글을 쓰며 틈틈이 출판 기획과 번역을 한다. 쓴 책으로 소설집 『훌리오』와 테마 에세이 『깨어 있는 존재들의 밤』, 옮긴 책으로 『꿈에서 본 이야기』 등이 있다.

꿈에서 본 이야기
―지킬 앤 하이드가 탄생하기까지

펴낸날	2025년 6월 17일 초판 1쇄 발행
지은이	로버트 루이스 스티븐슨 · 연지
옮긴이	최지연
편집 및 디자인	최지연
펴낸곳	리마
펴낸이	최지연
출판사 등록일	2024년 3월 25일 (제2024-000028호)
E-MAIL	insomnia.planet@gmail.com
Instagram	@salon_de_lima
ISBN	979-11-987874-6-0 (04840)
	979-11-987874-5-3 (세트)

* 이 책의 모든 저작권은 도서출판 리마에 있습니다.